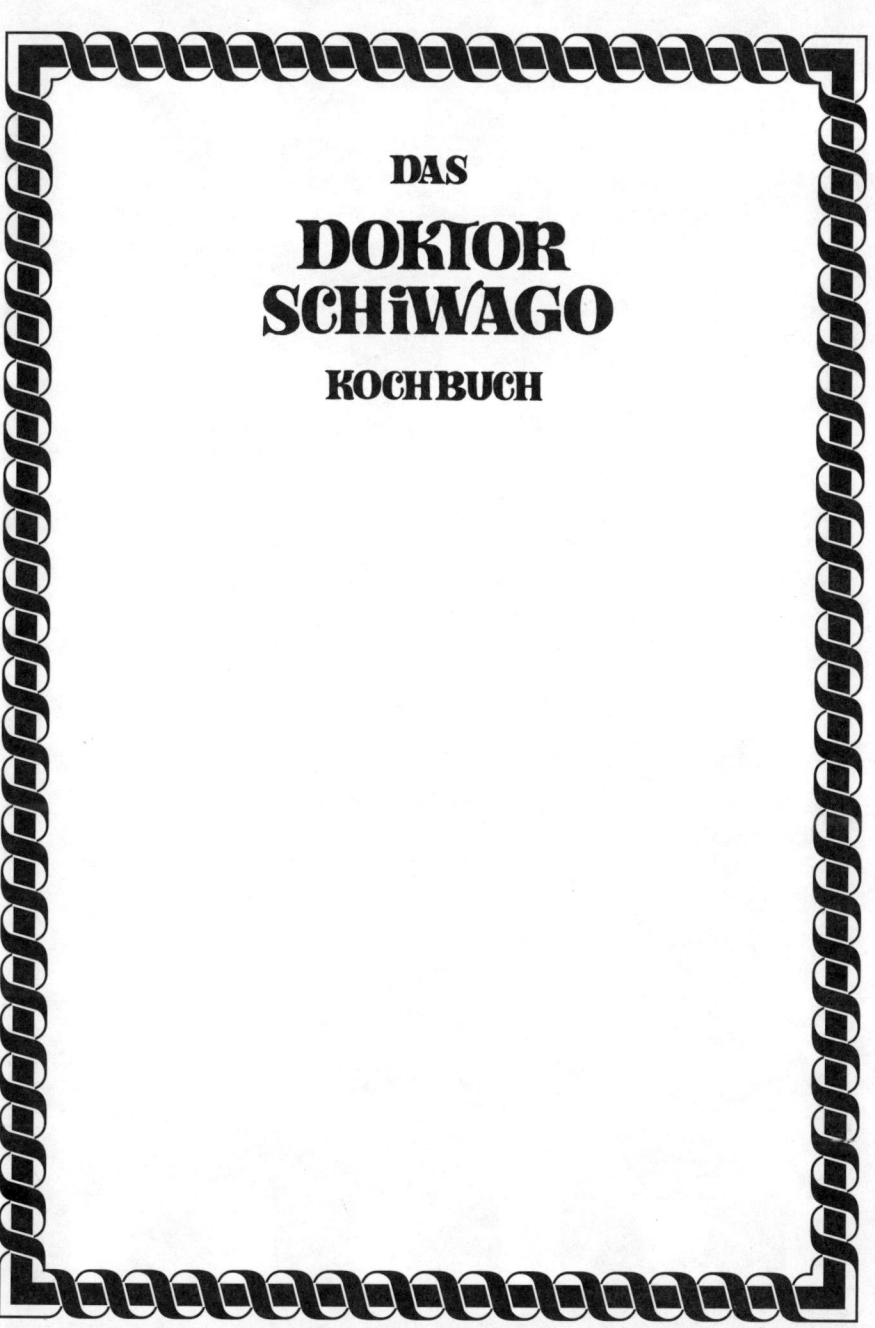

DAS

DOKTOR
SCHiWAGO

KOCHBUCH

DAS

DOKTOR SCHIWAGO

KOCHBUCH

BORIS BOLJAR

WEINGARTEN

In dieser Reihe ebenfalls erschienen:
Das CASABLANCA Kochbuch
Das VOM WINDE VERWEHT Kochbuch
Das LA DOLCE VITA Kochbuch
Das HITCHCOCK KRIMI-Kochbuch

Die Deutsche Bibliothek – CIP-Einheitsaufnahme
Boljar, Boris:
Das Doktor-Schiwago-Kochbuch/von Boris Boljar. -
Weingarten: Weingarten, 1995
ISBN 3-8170-0024-3

Für die freundliche Genehmigung zum Abdruck der Fotos aus Doktor Schiwago dankt der Verlag dem Deutschen Institut für Filmkunde (DIF), Frankfurt/Main.

Die Wiedergabe der Rezepte erfolgt teilweise in Anlehnung an „Zu Gast in Rußland – eine kulinarische Reise" von Wjatscheslaw M. Kowalew und Nikolaj P. Mogilni, erschienen im Kunstverlag Weingarten.

Die Mengenangaben gelten für 4 Portionen, sofern nicht anders angegeben. Die in der russischen Küche gebräuchliche Mengenangabe 1 Glas entspricht ca. 200 cm³.

© 1995 by Kunstverlag Weingarten GmbH, Weingarten
Satz: Riedmayer GmbH, Weingarten
Reproduktion: repro-team gmbh, Weingarten
Gesamtherstellung: Westermann Druck Zwickau GmbH, Zwickau
Printed in Germany
ISBN 3-8170-0024-3

4

Inhalt

Kinematografische Vorspeise

Doktor Schiwago, dieser klirrende Schnee- und Eisfilm aus dem alten Rußland wird von vier Elementen erwärmt. Von seinen Farben, von seinen Liebesverhältnissen, von der Musik Maurice Jarres – und von dem ständigen Bemühen der handelnden Figuren durch Essen und Trinken Leib und Seele zusammenzuhalten.

Besonders in den Farben steckt die ganze Temperatur des Films, denn die Öfen und Küchenherde gehen leider allzuoft aus, daran ist der Bürgerkrieg schuld. Weiß und blau in den kälteknackenden Winterszenen, die explodierende Farbpalette in allen übrigen Bildern: Die Farben in diesem Filmepos sind mehr als Farben. Sie erzählen die Geschichte mit ihrer eigenen Sprache und machen den Film zu einem Comic Strip in bunten Großraumbildern. Und neben den Farben sind es der Kontrast von Völlerei und Hunger, der die Geschichte dieses Mammutwerks zusammenhält und weitererzählt.

Den Hintergrund des Films liefern die russischen Revolutionen von 1905 und 1917 und die Entwicklung bis zur Stalin-Ära um 1935. Der Film erzählt aus der Perspektive des bolschewistischen Halbbruders von Schiwago, des Generals Jewgraf, in einer breit angelegten Rückblende, die Geschichte des Arztes, Dichters und Individualisten Juri Schiwago. Er schildert dessen Auseinandersetzungen mit der revolutionären Staatsgewalt, seine Flucht mit Frau und Schwiegervater aus Moskau in die Einöde des mittleren Urals, seine Odyssee durch die Revolutionswirren und die Liebesromanze mit der Ehefrau des Anarchisten Pawel Antipov, mit Larissa, genannt Lara.

Dieses Gesamtbild von Handlung und Hintergrund verschwindet während des dreieinhalbstündigen Films allmählich hinter Einzelepisoden, die vom Schicksal einzelner Personen erzählen. Aber gerade diese Episoden sind es, auf die der Filmfan wartet, wenn er sich „Doktor Schiwago" zum zweiten oder zehnten Mal ansieht.

Der Kultfan dieser filmischen Glamourfassung der Revolution will nicht die originale Chronik der Ereignisse sehen, sondern die schönen Versatzstücke, die einen eigenen Film ergeben. Er bekommt Geschichten statt Geschichte serviert. Dadurch wird letztere zwar nicht verständlicher, aber nachfühlbar. Und da man sich die Lackbilderwelt dieses Epos gewöhnlich im großen Konsumierkino auf Superleinwand mit Stereo-Sound ansieht, gehören zu seinen Wiedererkennungswerten die intensiv-naturalistische Tonkulisse, eine oft schockartige Schnittechnik, die Schönheit der Naturaufnahmen und „Laras Thema", der Ohrenschmaus von Balalaika und Streichern.

Aber der verschwenderisch reiche Film wäre nichts ohne seine Kontraste: Die Armut in Moskau und Mütterchen Rußland insgesamt, die Not der Proleten, die Hungerdemonstration der Arbeiter, die Küche der Armut im Bürgerkrieg und des Kellers in der Zeit danach, die kargen Willkommensmahlzeiten und die traurigen Abschiedsessen von Juri und Lara in Warykino beim Warten auf die Bolschewiki. In solchen Szenen spielt die russische Küche die Hauptrolle, beziehungsweise die Sehnsucht danach, sie möge wieder mit allen verführerischen Rezepten in ihre alten Rechte eingesetzt werden.

Und der Film bietet noch mehr: Das Begräbnis von Juris Mutter, wo zum ersten Mal, während das Herbstlaub von den Birken fällt, die glitzernden Glissandos der Balalaikas zu hören sind; das grausame Gemetzel der Kosaken unter demonstrierenden Arbeitern im eisigen Moskau von 1905; Pawel Antipovs Verwandlung zum fanatischen General Strelnikov, der im fahnengeschmückten Sonderzug durch Rußland braust; das Abenteuer der Zugfahrt der flüchtenden Familie Gromeko in den Ural; die Bürgerkriegsgreuel; Schiwagos Ritte mit den Partisanen durch die ewig rauschenden Wälder Rußlands; die Landhaus-Idylle im Ural, Schiwagos Dichtervisionen beim nächtlichen Heulen der Wölfe.

Zu den Schauwerten des Films gehören auch die internationale Starbesetzung. Omar Sharifs poetischer Blick aus großen glänzend-braunen Augen. Geraldine Chaplins überwältigend jugendliches Lachen. Tom Courtenays Säbelnarbe an der rechten Schläfe. Kinskis Kettenrasseln und das zynisch-weltmännische Gehabe Rod Steigers. All dies hält die ausgedehnte Zeitspanne des Films erzählerisch mühelos zusammen.

Drei Jahre dauerte die Herstellung des Films. Allein das alte Moskau wurde in sechsmonatiger Bauzeit von 780 Arbeitern ausgerechnet im Madrider Vorort Canillas nachgebaut. Eine zwei Kilometer lange gepflasterte Straße, hunderte kleiner Geschäfte, Straßenbahnen samt Gleisen, Schlitten, Laternen, der Kreml und der Rote Platz mußten errichtet, riesige Mengen Kunstschnee herangekarrt werden. Die restlichen Außenaufnahmen entstanden im verschneiten Finnland.

Jedes Detail des Films sollte stimmen, bis zu den Kopfbedeckungen von Kosaken und Proleten und bis hin zu den Koch- und Eßgewohnheiten der handelnden Personen. Von diesem historischen Make-up lebt der Film. Seine Version der Revolution ist dagegen freie Deutung des Regisseurs David Lean und seines Drehbuchautors Robert Bolt. Sie fußt auf dem Roman von Boris Pasternak, dessen Manuskript 1957 aus der Sowjetunion herausgeschmuggelt und im gleichen Jahr in Italien veröffentlicht worden war. Pasternak erhielt dafür den Literatur-Nobelpreis.

In einigen Handlungsteilen übersetzte David Lean den Hauptgedanken aus Pasternaks Roman: „Der Mensch wird geboren, um zu leben, nicht, um sich auf das Leben vorzubereiten", allzu sentimental. Dann schrumpft die historische Dimension auf Schlafzimmerformat zusammen. Aber mit seiner Haltung, die nichts ideologisch bewertet, gelingt es ihm doch auf faszinierende Weise, die Spannung zwischen geschichtlichem Großereignis und kleiner Glückserwartung glaubhaft und in seinen Figuren greifbar zu machen. Wenn die Geschichte außer Atem gerät – so die Botschaft des Films –, muß der Einzelne aufpassen, daß ihm nicht die Luft ausgeht. Und vor allem auch nicht: Brot, Salz, Kartoffeln, Kwas, Zwiebeln, Speck, Schtschi, Fisch und Fleisch. Denn erst kommt das Essen, dann kommt die Moral. Für diese Weisheit hält die russische Küche eine Fülle von Köstlichkeiten bereit.

Leichenschmaus bei einem Popen im Ural

Der kleine Juri Schiwago verliert seine Mutter, er wird bei Onkel und Tante in Moskau aufwachsen. Nach dem Begräbnis auf dem Friedhof der Gemeinde Jurjatino im Ural, das zu einem überwältigenden Erlebnis für den späteren Poeten Schiwago wurde, betritt der Pope das Haus der Pflegeeltern.

POPE: „Darf ich Sie zum Abendessen einladen?"
TANTE: „Ja, sehr gern."

Was wird es an diesem Winterabend im eisig verschneiten Ural gegeben haben? Sicher etwas herzhaftes, aber für die Situation auch angemessenes als Leichenschmaus. Höchstwahrscheinlich: Gebackener Fisch

Fischgerichte spielen in Rußland seit jeher eine große Rolle. Im alten Rußland verspeiste man überwiegend Süßwasserfische, denn in den Besitz der Meeresküsten mit ihrem enormen Fischreichtum kam das Land erst unter Peter dem Großen, also gegen Ende des 17., Anfang des 18. Jahrhunderts. Fisch ist in christlich-orthodoxen Kreisen immer ein beliebtes, weil die Sinneslust angeblich nicht stimulierendes Gericht gewesen. Auch in den ausgedehnten Fastenzeiten kam Fisch zum Einsatz. Dashalb wird der Leichenschmaus bei einem Popen im Ural, der anläßlich der Vergänglichkeit alles Irdischen abgehalten wurde, aus Fisch – vornehmlich Karpfen, Brachsen oder auch Stör – bestanden haben. In Teig gebackener Fisch war und ist eine Spezialität, die in der russischen Küche weite Verbreitung findet.

Gebackener Fasten-Karpfen

750 g Fischfilet vom Karpfen	6 Kartoffeln
50 g Butter	Salz, Pfeffer
½ Glas geriebener Käse	Petersilie

Das Karpfenfilet mit der Haut in Portionsstücke schneiden, mit Butter in eine Pfanne geben, salzen und pfeffern. Die in Scheiben geschnittenen und vorher halb gekochten Kartoffeln um den Fisch legen, mit der gedämpften Sauce übergießen, mit dem geriebenen Käse bestreuen, mit zerlassener Butter begießen und in vorgeheiztem Backofen backen, bis eine rötliche Kruste entsteht. Vor dem Anrichten mit zerlassener Butter begießen und mit der gehackten Petersilie bestreuen.

Für die gedämpfte Sauce:

2 Glas weiße Sauce	½ Zitrone
¼ Zwiebel	1 Eßlöffel trockener Weißwein
1 Teelöffel fein geschnittene	1 Eßlöffel Butter
Petersilienwurzel	Salz, Pfeffer

Gehackte Zwiebel und Petersilie in die weiße Sauce geben. Ungefähr 10 Minuten lang auf kleiner Flamme kochen. Zitronensaft, Weißwein, Salz und Pfeffer dazugeben und das Ganze aufkochen. Durch ein Sieb passieren, die Butter dazugeben und solange verrühren, bis die Sauce sämig ist.

Weiße Sauce

Für Fischgerichte wird eine weiße Sauce in Rußland traditionell folgendermaßen hergestellt:

2 Glas Fischbrühe	*2 Eßlöffel Kapern*
1 Eßlöffel Mehl	*1 Lorbeerblatt*
1 Eßlöffel Butter	*Salz*
¹/₄ Zwiebel	*Pfefferkörner*
1 Teelöffel klein geschnittene	
Petersilienwurzel	

Aus Butter und Mehl eine Mehlschwitze bereiten, mit Fischbrühe ablöschen, ohne daß Klümpchen entstehen. Das zerkleinerte Gemüse und die Kapern hinzugeben, zum Kochen bringen und ca. 30–35 Minuten köcheln lassen. Zuletzt mit Pfeffer und Lorbeerblatt abschmecken. Die fertige Sauce durch ein Sieb streichen. Heiß servieren.

Wenn es Brachsen gab, wäre das folgende Rezept zum Einsatz gekommen:

Brachsen in Kraut

1 kg Brachsen	*50 g Butter*
1 Glas Sauerkraut	*1 Glas saure Sahne*
2 Zwiebeln	*Semmelbrösel*
¹/₂ Glas geriebener Käse	

Die Fische säubern, ausnehmen, in kaltem Wasser waschen und abtrocknen. Farce zubereiten: Kraut zerkleinern, mit geschnittener

Zwiebel vermengen, salzen, pfeffern, in einer Kasserolle mit Butter gar braten. Mit dieser Farce die Brachsen füllen, den Bauch zunähen. Die Brachsen in eine Pfanne oder in eine Form legen, mit saurer Sahne begießen, mit geriebenem Käse bestreuen und in den vorgeheizten Backofen stellen. Backen, bis eine rötliche Kruste entsteht.

Gebackener Stör

700 g Stör	*2 Zwiebeln*
6 gekochte Pilze	*6 Kartoffeln*
2 gekochte Eier	*1 Glas saure Sahne*
50 g Butter	*½ Glas geriebener Käse*

Eine Pfanne mit Butter einfetten, an den Rand die Scheiben von angebratenen Kartoffeln legen, in die Mitte der Pfanne die angebratenen Fischstücke, auf den Fisch geröstete Zwiebeln, Scheiben von gekochten Eiern und gekochte Pilze legen. Mit saurer Sahne begießen, mit geriebenem Käse bestreuen und im Backofen backen

Hauslikör verkürzt das Warten

Juri Schiwago ist inzwischen erwachsen geworden. Er hat in Moskau Medizin studiert und will sich jetzt als praktischer Arzt niederlassen. Er liebt seine Arbeit, das Leben und die Poesie. Er lernt Larissa kennen. Das Lara genannte, 17jährige Mädchen lebt bei ihrer Mutter, die eine Schneiderei besitzt und ihr das Studium finanziert. Im Laden ihrer Mutter lernt Lara deren Liebhaber, den einflußreichen Anwalt Victor Ippolitowitsch Komarovski kennen. Dieser, ein moralisch ambivalenter Genußmensch, beginnt, ein Auge auf die erblühende Lara zu werfen.

Komarovski sitzt in der folgenden Szene im Salon auf einer Ottomane und wartet auf Laras Mutter, mit der er ausgehen will. Währenddessen verkürzt er sich die Zeit mit einigen Gläsern eines speziellen Hauslikörs. In der russischen Sprache nennt man die Hausliköre auf Kräuterbasis „Nastoikas" und die auf Beerenbasis „Nalivkas". Dabei kann es sich um süße, bittere, schwache und starke Liköre handeln.

Für die Zubereitung solcher Hausliköre muß man eine Hauptregel beachten, alles weitere hängt ab von der Phantasie oder vom Geschmack des Trinkenden. Die Grundregel besagt: Zuerst den Aufguß zubereiten, zu welchem Zweck man Wurzeln (Eiche), Beeren (Brombeeren), Kräuter (Pfefferminze) oder Blätter (Johannisbeerblätter) zerkleinert und bis zur Hälfte des Volumens in eine große Flasche legt. Danach wird diese mit Alkohol aufgefüllt. Das Gefäß läßt man an einem warmen Ort ungefähr eine Woche lang stehen. Danach seiht man ihn durch.

Auf dieser Basis kann man das Getränk dann noch mit Wodka, mit Weinspiritus oder mit Sirup aus in Wasser verkochtem Zucker oder Honig verfeinern.

Russische Nationalgetränke

Was trank man in der bürgerlichen Gesellschaft des zaristischen Rußland außerdem?

Natürlich Tee, das häufigste Getränk eines Russen, vor allem schwarzer Tee, der im Jahr 1638 als Geschenk eines Mongolenkans nach Rußland kam und dort bis heute im klassischen Samowar zubereitet wird. Doch Tee, vielleicht sogar Wald- und Wiesentee, der aus Beeren, aromatischen Kräutern und Blüten aufgebrüht wurde, ist nichts für Monsieur Komarovski.

Dennoch hier das Rezept:

Wald- und Wiesentee

Für die Zubereitung dieses aromatischen Tees werden getrocknete Beeren, Blüten, Blätter, Stengel, Halme und Wurzeln der Pflanzen benutzt. Am häufigsten verwendet werden in Rußland Blüten und Beeren der wilden Rose, des Jasmins und der Linde; die Blätter von Minze, Preiselbeeren, die Beeren der Eberesche, des Weißdorns, Faulbeeren, Preiselbeeren, Heidelbeeren.

Üblicherweise wird dieser Tee in einer Porzellankanne mit kochendem Wasser aufgebrüht (1–2 Eßlöffel getrockneter Tee pro 1 Liter kochendes Wasser). Die Beeren vor dem Aufbrühen zerkleinern, nach dem Aufbrühen 15 Minuten ziehen lassen. Besonders gutes Aroma und angenehmen Geschmack bekommen diejenigen Wald- und Wiesentees, die aus verschiedenen Kräutern und Beeren zubereitet werden.

Deshalb: Viel sammeln und mischen.

An eiskalten Wintertagen wird ein lebenslustiger Mann wie Victor Komarovski vielleicht Ssbitjen getrunken haben, ein russisches Nationalgetränk, das im Land länger beheimatet ist als der Tee. Ebenso lange beheimatet ist in Rußland der Kwas. Der Name bedeutet einfach „Saures Getränk", vor allem auf dem Land erfreut es sich großer Beliebtheit.

Ssbitjen

Ssbitjen ist ein heißes Getränk, das aus Wasser, Honig und Gewürzen gekocht wird. Besonders beliebt war es im 18. und 19. Jahrhundert, als Verkäufer mit Kupfersamowaren es überall anboten. Das bernsteingelbe Getränk wurde und wird aus dickbäuchigen Gläsern getrunken, damit man diese auch bei großer Kälte festhalten kann.

500 g Honig   *5 – 7 g Gewürznelken*
6 l Wasser   *10 g Hopfen*
Zimt nach Geschmack   *5 g Pfefferminze*
750 g Sirup

Den Honig, die Gewürze und den Sirup in kochendem Wasser bei kleiner Hitze 30 Minuten auflösen lassen. Am besten heiß trinken. An den seltenen heißen Tagen zumindest im nördlichen Rußland wird es auch kalt getrunken.

Ssbitjen mit Wein

1 l trockener Rotwein　　　　*0,1 g Gewürznelken*
150 g Honig　　　　　　　　*2 g Muskatnuß*
2 g Zimt

Den Honig in Wein auflösen und aufkochen. Dann die Gewürze dazugeben und 30 Minuten ziehen lassen. Durch einen Mullfilter seihen und heiß servieren. Zum Ssbitjen passen gut Piroggen, Kuchen, Pfefferkuchen.

Kwas

Dieses Getränk ist uralt. Das Brauen dieses Nationalgetränkes ist in Rußland ebenso verbreitet wie das Brotbacken.

500 g Roggenbrot　　　　*50 g Rosinen*
4 l Wasser　　　　　　　　*5–10 Minzezweige*
40 g Hefe　　　　　　　　*3–4 schwarze*
1 Glas Zucker　　　　　　　*Johannisbeerblätter*

Roggenbrot in Scheiben schneiden und im Backofen trocknen, mit kochendem Wasser begießen und 3–4 Stunden ziehen lassen, umrühren und durch ein Mulltuch abseihen. Danach Zucker, Hefe, Minze und Johannisbeerblätter zugeben und 10–12 Stunden an einem warmen Ort gären lassen. Noch einmal durchseihen und in Flaschen abfüllen. In jede Flasche 3–5 Rosinen legen und fest zukorken, mindestens 3 Tage im kalten Keller oder im Kühlschrank aufbewahren. Danach ist Kwas zum Trinken fertig.

Für die Liebhaber schärferer Sachen bietet Rußland einige Gewürzgetränke, vor allem auf der Basis von Wodka – oder Wodka pur. Monsieur Komarovski tat sich vielleicht gütlich mit einem Getränk, das die kundige Mutter Laras aufgesetzt hatte. Nehmen wir an, es war

Ebereschenwodka

400 g Ebereschenbeeren   *100 g Würfelzucker*
        750 g Wodka   *1 Glas Wasser*

Den – natürlich russischen – Wodka zu den leicht angefrorenen Beeren in ein großes Glasgefäß schütten. An einem warmen Ort – das Getränk braucht seine Zeit – 2–3 Monate ziehen lassen. Nach Ablauf dieser Frist den Zucker zerstoßen, mit Wasser mischen und einen Sirup kochen. Den Wodka von den Beeren trennen und mit dem Sirup mischen. Vorsicht: der Ebereschenwodka ist süffig, aber sehr gehaltvoll!

Erotisches Abendessen vor der Revolution

Komarovski ist ein Freund des verstorbenen Mannes von Laras Mutter gewesen. Offiziell berät er seine Geliebte in juristischen Dingen, inoffiziell steckt er mit ihr unter einer Bettdecke. Jetzt entdeckt er die Schönheit der jungen Larisssa. Er tritt vor sie hin und legt ihr einen hauchdünnen Schleier über das Haar, der erotische Jäger erwacht in ihm. Verzaubert starrt er das Mädchen an. Denkt er nur an das eine? Nein, er wird an zweierlei Dinge denken: An eine Liebesnacht mit der Minderjährigen. Und an ein erotisches Abendessen als Aphrodisiakum:

Vorspeise: Matrjoschka – hartgekochte Eier

Hauptspeise: Verlorenes, geschmortes Herz mit Gemüse

Nachspeise: Liebesnest

Matrjoschka

5 – 6 hartgekochte Eier　　　*2 – 3 rote süße Paprikaschoten*

4 – 5 getrocknete Pilze　　　　　　　*Salz*

50 g Schinken　　　　　　　　*Pfeffer*

Die Kuppen der Eier werden abgeschnitten, das Eigelb herausgenommen und fein zerdrückt. Die Füllung bereitet man folgendermaßen zu: Eingeweichte und abgekochte Pilze in Butter mit dem klein gehackten Schinken anbraten, salzen und pfeffern. Den größten Teil des Eigelbs mit der Füllung vermischen. Die Eier damit füllen. Aus dem restlichen Eigelb „Haare" für Matrjoschka – das heißt eigentlich „Puppe in der Puppe" – machen. Aus dem Paprika oder einem Krautblatt ein „Kopftuch" schneiden. Schon ist das puppige Liebesobjekt für den heißhungrigen Mann fertig.

Verlorenes, geschmortes Herz mit Gemüse

500–600 g Schweineherz   *2 Salzgurken*
5 Kartoffeln   *2 Glas rote Sauce*
3 Möhren   *½ Glas saure Sahne*
2 Zwiebeln   *Lorbeerblätter*
1 weiße Rübe   *Salz*
1 Petersilienwurzel   *Pfeffer*

Das Schweineherz waschen und 2 bis 3 Stunden in kaltem Wasser wässern. Erneut waschen, in kochendes Wasser legen und gute 2 Stunden köcheln lassen. Eine Stunde vor Beendigung des Kochens salzen. Das weichgekochte Herz aus dem Sud nehmen und für eine knappe halbe Stunde in kaltes Wasser legen. Aus dem Wasser nehmen, in kleine Stücke quer zur Faser schneiden, in eine Schüssel legen und mit heißer roter Sauce (siehe Rezept) begießen sowie die saure Sahne zugeben.
Das Gemüse in Würfel schneiden und mit Fett anbraten. Salzgurken in kleine Würfel schneiden. Die Gurken und das gebratene Gemüse in die Schüssel mit dem Herz geben, Lorbeerblätter, Pfefferkörner zufügen, vermischen und zugedeckt garschmoren. Das Herz und das Gemüse auf einer Platte anrichten, mit fein gehackter Petersilie bestreuen.
Dieses Gericht kann man in Töpfen zubereiten und auch ohne saure Sahne und ohne Gurken anrichten. In jedem Fall eignet es sich vortrefflich und anregend für einen Liebhaber, der sein Herz an eine junge, schöne Frau verloren hat.

Die „rote" Sauce, die in der russischen Küche bei Fleischgerichten eine Rolle spielt, bereitet man auf der Basis einer „weißen" Sauce für Fleischgerichte zu.

Weiße Sauce

4 Glas Fleischbrühe   1 Petersilienwurzel
2 Eßlöffel Mehl   1 Glas trockener Wein
50 g Butter   Salz
1 Zwiebel

Die Grundlage vorbereiten: Mehlschwitze mit Butter herstellen,
Fleischbrühe zugeben und 10 Minuten kochen lassen.
Petersilienwurzel und Zwiebel fein schneiden, mit Butter anbraten
und salzen. Na ca. 5 Minuten Kochzeit das Wurzelzeug zugeben.
Zum Schluß den Wein zugießen.

Rote Sauce

1/2 l weiße Sauce   1 Teelöffel Zucker
1 Möhre   1 Gläschen trockener Weißwein
1 Zwiebel   50 g Butter
1 Petersilienwurzel   Salz
350 g Tomatenmark   Pfeffer

In die heiße weiße Sauce fein geschnittenes und leicht angebrate-
nes Wurzelgemüse, Zwiebel und Tomatenmark zugeben und 25
bis 30 Minuten schmoren lassen. Tomatenmark vorher in einer
Pfanne im Backofen dämpfen, bis es eine braune Färbung an-
nimmt. Statt Tomatenmark kann man natürlich auch frische Tomaten benutzen, deren Haut eingeritzt und nach dem Erwärmen
der Tomate in heißem Wasser abgezogen wird. Salz, Zucker, Pfeffer zugeben und durchkochen. Fertige Sauce durchseihen, die
Gemüse passieren. In die Sauce Gemüse, Wein und Butter zugeben und aufkochen. Diese Sauce kann man auch mit Pilzen zubereiten, die feingeschnitten in die weiße Sauce gegeben werden.

Liebesnest

5 Eier
230 g nicht festes Sahnegelee

Zitronat
Orangeat

An den flachen Eierenden 1 cm breite Löcher in die Schale machen, die Eierspitzen mit einer Nadel durchstechen, Eigelb und Eiweiß ausfließen lassen. Eierschalen vorsichtig auswaschen. Eine Sahnegeleemischung zubereiten und unter ständigem Rühren abkühlen. Dann mit dieser Mischung die Eierschalen vorsichtig füllen. Die Löcher an der Eierspitze mit weichem Brot zuschmieren. Die Eier mit den stumpfen Enden nach unten für 6 bis 8 Stunden kaltstellen.
Wenn das Gelee fest geworden ist, die Schalen vorsichtig entfernen und die „Eier" in Teller legen, ringsum als süßsaure Verlockung fein geschnittenes Zitronat und Orangeat legen.
Die „Eier" in diesem Liebesnest sind nicht nur für Verliebte unwiderstehlich.

Sahnegelee

3 Glas süße Sahne
13 g Gelatine
³/₄ Glas Wasser

120 g Zucker
12 bittere Mandeln
Vanille

Die Gelatine im warmen Wasser auflösen, Zucker, Vanille und zerstoßene Mandeln zugeben, aufkochen, durch ein Sieb passieren. Die Sahne aufkochen, auf Zimmertemperatur abkühlen, mit dem Sirup vermischen und unter Rühren abkühlen. In eine Form gießen, kaltstellen.

Gerechtigkeit, Gleichheit, Brot und Bratensauce

Juri Schiwago sieht vom Balkon seiner Wohnung aus hinunter auf eine Demonstration hungernder und frierender Arbeiter und Arbeiterinnen. Ihre Parole: „Gerechtigkeit, Gleichheit und Brot." Schiwago findet diese Parole großartig. Und auch seine Tante ist begeistert, der hinzutretende Onkel nicht.

TANTE: *„Meine Güte, Juri, was für wunderbare Worte! Gerechtigkeit, Gleichheit und Brot – findest du nicht, daß dies wunderbar klingt?"*
SCHIWAGO: *„Ja, das finde ich auch."*
TANTE: *„Brüderlichkeit und Freiheit!"*
ONKEL: *„Brüderlichkeit und Bratensauce! Du bist ja völlig durchgefroren, du wirst dir noch den Tod holen! Jetzt schnell rein, was sind das für Grillen!"*
Sie gehen hinein.

Was aßen die einfachen Leute vor der Revolution außer Brot? Beispielsweise: Kascha (Grütze, Brei).

Kascha

Die Kascha gehört zu den ältesten russischen Speisen. Zu fast allen Zeiten wird sie gegessen und in der Volksliteratur spielt diese Speise des einfachen Volkes eine geradezu mythische Rolle.

1 Glas Hirse   *50 g Butter*
1 Glas Quark   *Zucker*

Die Hirse in kochendes, leicht gesalzenes Wasser (ca. 2–3 Glas) geben und halbgar kochen. Butter, Zucker und Quark zugeben, alle Zutaten gut mischen und kochen, bis die Hirse gar ist. Zum Brei passen Milch, Sauermilch, Kefir – alles, was die spartanische Küche bereit hält.

Auch mit Buchweizengrütze – in russischen Sprichwörtern oft „das russische Mütterchen" genannt – läßt sich eine schmackhafte Kascha zubereiten. Die Zutaten verweisen schon auf etwas gehobenere Ansprüche.

Buchweizenmütterchen

3 Glas körniger Buchweizenbrei   *50 g Butter,*
300 g gebratene Leber   *2 gekochte Eier*
1 Zwiebel   *200–300 g Speck*

Den Buchweizenbrei kochen; Butter, fein geschnittene, gedünstete Zwiebel, hartgekochte Eier, durch den Fleischwolf gedrehte Leber dazugeben und alles gut vermischen.

Die Hälfte des Specks (eventuell auch Talg) in eine tiefe Pfanne geben, darüber die vorbereitete Masse schütten und sie mit dem Rest des Specks gleichmäßig verteilen. Im Backofen backen, bis der Speck hellbraun ist.

Bratensauce gab es in proletarischen Kreisen jedenfalls sehr selten. Wenn es hoch kam, wurde in den feuchten, dunklen, kalten Wohnungen des Proletariats die Nationalspeise serviert: Suppe. Die am häufigsten verspeisten Suppen waren – und sind teilweise noch immer – Schtschi, Borschtsch, Ssoljanka.

Schtschi

Das ist wahrscheinlich die älteste russische Speise überhaupt. Man vermutet, daß die Russen sie schon vor tausend Jahren aßen. Vor allem in Zentralrußland, in Sibirien und im Ural verzehrt man sie mit jener Leidenschaft, die beinahe einer Weltanschauung entspricht. In russischen Küchen ist man einhellig der Meinung, daß von einer Einladung zum Schtschi jeder gute Gast begeistert sein muß. Die Wertschätzung einer Hausfrau mißt sich daran, wie gut sie diese Suppe kochen kann – und nicht etwa daran, wie gut sie darüber reden kann. Oder welche Rezepte sie sonst noch beherrscht.
Die Besonderheit der Schtschi besteht darin, daß man dieser Suppe sogar bei täglichem Genuß nicht überdrüssig wird. Und ihr Geschmack wird sich beim erneuten Anwärmen am nächsten Tag nicht verschlechtern, sondern sogar noch verbessern. Besonders schmackhaft ist es, Schtschi mit einem Holzlöffel zu essen: Dieses Gericht wird ganz heiß serviert, und der Holzlöffel verhindert, daß man sich den Mund verbrüht.

Üppige Schtschi

500–700 g Fleisch mit Knochen
2 l Wasser
600 g Weißkohl oder Wirsing
2 mittelgroße Kartoffeln
1 kleine weiße Rübe
1 große Möhre
1 Wurzel Petersilie
1 große Zwiebel

1 Eßlöffel Tomatenpüree
oder 2 Tomaten
2 Eßlöffel Fett
2–3 Lorbeerblätter
2–3 schwarze Pfefferkörner
frische Kräuter
Salz

Das Fleisch mit Knochen in einer offenen Kasserolle bei schwacher Hitze zum Kochen bringen. Damit die Brühe kräftiger ist, wird das Fleisch in kaltes Wasser gelegt. Die siedende Brühe abschäumen und einen Löffel kaltes Wasser zugießen. Das Ganze so lange wiederholen, bis die Brühe nicht mehr schäumt. Mit einem sauberen feuchten Lappen den an den Kasserollenrändern haftengebliebenen Schaum abwischen und die Brühe weiterkochen, bis das Fleisch halb gar ist – das dauert gut 2 Stunden. Den in Vierecke oder in feine Streifen geschnittenen Kohl in die kochende Brühe geben. Beginnt die Brühe wieder zu kochen, werden darin in Streifen oder Scheiben geschnittene Kartoffeln zugegeben. Das klein geschnittene Wurzelgemüse und Zwiebeln in der Pfanne in Fett mit Tomatenpüree leicht andünsten, in die Schtschi geben und etwa 15 bis 20 Minuten zusammen kochen. Etwa 5 Minuten vor Ende der Garzeit Pfeffer, Lorbeerblätter und Salz zugeben. Gleichzeitig mit den Gewürzen kann man 2–3 mit Salz zerstoßene Knoblauchzehen hinzufügen. Frische – enthäutete – Tomaten gibt man erst kurz vor Ende der Garzeit in die Kasserolle.
Die fertige Schtschi mit einem Stück Fleisch je Teller servieren und mit frischen grünen Kräutern bestreuen, dazu in einer Sauciere saure Sahne reichen.

Schtschi aus Sauerkraut

Rind-, Hammel- oder Schweinefleisch für die Brühe
500–600 g Sauerkraut
1–2 Möhren
1–2 Petersilienwurzeln
1 Zwiebel
2 Eßlöffel Tomatenpüree
frische grüne Kräuter

2–3 Knoblauchzehen
½ Glas saure Sahne
2 l Wasser
1 Eßlöffel Weizenmehl
2 Eßlöffel ausgelassene Butter
Lorbeerblatt
Pfeffer
Salz

Aus Rind-, Hammel- oder Schweinefleisch eine Brühe kochen. Das Sauerkraut auspressen, in die Kasserolle legen, einen Löffel Tomatenpüree, ein Glas Brühe oder Wasser hinzufügen, mit einem Deckel verschließen und etwa 1½–2 Stunden schmoren lassen, anfangs bei starker Hitze, sobald das Kraut erwärmt ist, bei ganz leichter Hitze. Je weicher das Kraut ist, desto besser schmeckt die Schtschi. Etwa 10–15 Minuten vor Ende des Schmorens die in Butter angedünsteten Wurzelgemüse und Zwiebel zugeben. Das Kraut in die siedende Brühe geben und gar dünsten (30–40 Minuten). 15 Minuten vor Ende der Garzeit die Einbrenne zur Brühe geben, Lorbeerblatt, Pfeffer und Salz hinzufügen, eventuell 2–3 in Salz zerdrückte Knoblauchzehen.

Zu dieser Schtschi saure Sahne und Suppengrün auf den Teller geben, dazu paßt gut Buchweizenkascha oder Kulebjaka.

Beim Kochen der Schtschi aus Sauerkraut keinesfalls die Brühe salzen, denn das Sauerkraut ist salzig genug.

Eine einfachere Schtschi, wie sie vermutlich im Moskauer Prole-
tariat in der dornigen Zeit vor der Revolution gegessen wurde,
also eine Schtschi in sauren Zeiten, wird folgendermaßen zubereitet:

Schtschi in sauren Zeiten

600 – 700 g junge Brennesseln	*Salz*
200 g Sauerampfer	*Butter*
1 Eßlöffel Mehl	*eventuell Zitronensaft*
2 l Wasser	
(besser Instant-Brühe)	

Brennesseln im kalten Wasser gut auswaschen, 2–3 Minuten ko-
chendheiß blanchieren, durchseihen, kalt begießen; wenn alles
Wasser abgetropft ist, durch den Fleischwolf drehen. Die Brenn-
nesseln mit Butter etwa 10 bis 15 Minuten dünsten. Die Zwiebel
und die Wurzelgemüse zerkleinern und in Butter anbraten.
In 2 Liter kochendes Wasser (bei heutigen Verhältnissen: Instant-
Brühe) angedünstete Zwiebel und Wurzelgemüse geben, etwa 20
bis 25 Minuten kochen. 10 Minuten, bevor alles gar ist, die Einbrenne, die geschnittenen Blätter des – möglichst frischen! –
Sauerampfers und Salz hinzufügen. Zur Verbesserung des Ge-
schmacks kann man noch Zitronensaft dazugeben.

Borschtsch mit Karauschen

400 g Kleinfische	*3 Eßlöffel Pflanzenöl*
(Kaulbarsch, Barsch u. a.)	*1 Glas Weizenmehl*
600 g Karauschen	*1 Eßlöffel Essig*
2 mittelgroße rote Rüben	*1 Bund Dill*
2 Zwiebeln	*Salz*
250–300 g Weißkraut	

Rote Rüben, Weißkraut, Zwiebeln klein schneiden und in Pflanzenöl weich dünsten. 10 Minuten vor Ende des Dünstens 2 Eßlöffel gekochtes Wasser und 1 Eßlöffel Mehl unter ständigem Rühren hinzufügen.

Aus den Kleinfischen eine Brühe zubereiten, durch Mull seihen, die Fischreste wegwerfen. In die kochende Brühe angedünstetes Gemüse hinzugeben. Karauschen säubern, in Stücke schneiden, salzen, im Mehl wenden und in Pflanzenöl leicht anbraten. Die Fischstücke etwa 5 Minuten vor Ende der Kochzeit in den Borschtsch legen, danach einen Löffel Essig zugießen und salzen. Den Borschtsch mit saurer Sahne und Suppengrün anrichten.

Je nach Geschmack kann man auch einen Hering dazugeben. Dafür den Hering in Brotkwas oder in Milch waschen, in Mehl wenden, in Butter anbraten. Den angebratenen Hering zusammen mit den Karauschen in den siedenden Borschtsch legen.

Ein teures Essen in der Petrowskistraße

Komarovski ist ersatzweise mit Lara, deren Mutter an diesem Abend leider oder zum Glück kränkelt, zum Abendessen in den Salon der Bourgeoisie in die Moskauer Petrowskistraße gegangen. Sie betreten das Restaurant.

EMPFANGSCHEF: *„Ah, wir dachten schon, Sie würden nicht mehr*
    kommen, Monsieur."
KOMAROVSKI: *„Meine Nichte! – Den Mantel, Lara."*
EMPFANGSCHEF: *„Enchanté, Mademoiselle!"*
KOMAROVSKI: *„Komm, mein Kind."*

Sie legen ab, durchqueren das vollbesetzte Etablissement und setzen sich. Komarovski studiert die opulente Speisekarte, Lara versteckt sich unsicher dahinter.

KOMAROVSKI: *„Wie ist die Foie de veau Gascogne?"*
KELLNER: *„Gut, wie immer, Monsieur."*
KOMAROVSKI: *„Na schön – aber nicht zuviel Mostrich!"*
KELLNER: *„Jawohl, nicht zuviel Mostrich."*
LARA (trotzig): *„Jambon farci encroute!"*
KELLNER: *„Oui, Mademoiselle. Und Wein, Monsieur?"*
KOMAROVSKI: *„Einen leichten Rheinwein, ja."*
KELLNER: *„Oui, Monsieur."*
LARA *„Aber das muß doch furchtbar teuer sein, hier zu speisen,*
    Monsieur Komarovski."
KOMAROVSKI: *„Ist es auch."*

Foie de veau Gascogne

(Kalbsleber nach Art der Gascogne)

700 g enthäutete Kalbsleber
1¹/₂ Tassen trockener Weißwein
4 Eßlöffel Olivenöl
2 Eßlöffel Butter
3 Eßlöffel gehackte Schalotten
3 Tomaten
300 g Steinpilze

1¹/₂ Tassen Bratensaft
¹/₂ Teelöffel Salz
französischer Senf
2 Eßlöffel Créme double
1 Eßlöffel gehackte Petersilie
schwarzer gemahlener Pfeffer

Die Kalbsleber ca. 1 Stunde in den Weißwein einlegen, danach trockentupfen. In heißem Olivenöl von allen Seiten anbraten, danach warmstellen. Schalotten in Butter anschwitzen, die enthäuteten und entkernten Tomaten achteln, zusammen mit den geschnittenen Steinpilzen zu den Schalotten in die Pfanne geben und kurz andünsten. Mit dem Weißwein begießen und schließlich den Bratensaft dazugeben. Nach Geschmack – möglichst dezent – mit Salz und Pfeffer würzen.

Die Kalbsleber in die so hergestellte Sauce legen und 10 Minuten bei 175 Grad anschmoren lassen. Danach aufschneiden, die mit Créme double und mildem, französischem Senf abgeschmeckte und eingekochte Sauce darüber gießen und mit Petersilie garnieren.

Dazu ein Baguette und einen leichten Rheinwein servieren.

Jambon farci encroute

(Schinken in Teigkruste)

200 g gekochter Saftschinken	*Salz*
80 g Kalbsschulter	*Pfeffer*
60 g Geflügelleber	*¹/₂ Paket tiefgekühlter Blätterteig*
60 g fetter Speck	*1 Gläschen Weißwein*
1 Schalotte	*1 Nelke*
1 Stengel Petersilie	*1 kl. Lorbeerblatt*
1 Eiweiß	*2 Blatt Gelatine*
¹/₃ Glas Portwein	*Butter für die Form*
¹/₂ Gläschen Cognac	*1 Eigelb*

Die Hälfte des Schinkens in Würfel schneiden, die andere Hälfte mit der Kalbsschulter, Geflügelleber, Speck, Petersilie und gehackter Schalotte zu einer feinen Farce vermengen. Eiweiß und Eigelb trennen, ersteres verschlagen, mit der Hälfte des Portweins und einem Schuß Cognac zum Fleisch geben und vermengen. Mit Salz und Pfeffer abschmecken. Die geschnittenen Würfel mit der Farce verbinden.

Eine längliche Pastetenform mit Folie auslegen, mit Butter bestreichen. Ungefähr zwei Drittel des Teigs ausrollen und in die Form legen. Die Farce gleichmäßig und fest einfüllen. Aus dem restlichen Teig den Deckel ausrollen und ohne Luftlöcher darüberlegen. Die Pastete in der Mitte einritzen, damit der sich bildende Dampf entweichen kann (man kann auch ein Paprikaröllchen hineinstechen und steckenlassen). Die Pastete mit dem getrennten Eigelb bestreichen und im Backofen bei 200 Grad ungefähr eine gute Stunde garbacken, bis die Teighülle krustig geworden ist.

Danach herausnehmen und abkühlen lassen. Den Weißwein mit Lorbeerblatt und Nelke 5 Minuten kochen lassen, den Rest Portwein und den Cognac dazugeben, mit der eingeweichten Gelatine binden. Durch das Loch der erkalteten Pastete eingießen.

Schinken in Brotkruste

Ein schmackhafter Schinken in Brotteig, für den man selbst weniger tun muß, läßt sich auch herstellen, wenn man wie folgt verfährt:

Einen Prager Schinken von etwa 2 kg kaufen. Diesen eine dreiviertel Stunde lang in Wasser kochen und leicht abkühlen lassen. Die Schwarte und das überflüssige Fett entfernen. Dann zum nächstbesten freundlichen Bäcker gehen und den Schinken in Brotteig einhüllen lassen. Zuhause im Backofen ausbacken, bis der Teig krustig geworden ist, dabei hin und wieder mit warmem Wasser bepinseln.
Dazu eine Madeirasauce, die folgendermaßen entsteht:
Bratenfond mit Kalbsjus ablöschen und mit einem guten Stärkemehl binden. Die Sauce mit Madeira, Salz und Pfeffer abschmecken. Madeirasauce kann in guten Feinkostläden auch fertig gekauft werden, sie wird dann mit dem Bratenfond oder einem verfügbaren Bratensaft verrührt.

Statt in der Teigkruste läßt sich Schinken auch in Gelee anrichten. Nach Art der Pariser Bankiers Rothschild hätte dieses Gericht der in der Moskauer Petrowskistraße versammelten, an französische Konventionen orientierten, russischen Bourgeoisie der Zarenzeit wohl gemundet.

Jambon farci à la Rothschild

(Schinken in Gelee à la Rothschild)

4 Scheiben gekochter, fettloser
Schinken
50 g Gänseleberparfait
20 g Butter
1/8 l Portwein
15 g Trüffeln

Für die Sülze:
4 Blatt weiße Gelatine
2 Eßlöffel heißes Wasser
1/8 l Wasser
1/8 l Portwein
1 Spritzer Worcestersauce
1 Prise Zucker

Die Schinkenscheiben halbieren. Gänseleberparfait mit Butter und Portwein in einem Behälter verrühren, die Schinkenscheiben damit bestreichen. Die Trüffeln in hauchdünne Scheibchen schneiden und auf die Gänseleber verteilen. Die anderen Schinkenhälften draufLegen und in eine viereckige Pastetenform geben.

Für die Sülze:
Gelatine 5 Minuten in kaltes Wasser einweichen. Ausdrücken und in heißem Wasser auflösen. Abkühlen lassen. Wasser und Portwein vermischen, Gelatine hineinrühren und mit Zucker und Worcestersauce abschmecken. Ungefähr 10 Minuten in den Kühlschrank stellen, danach über die Schinkenscheiben gießen. Das Ganze eine Stunde lang gut kühlen.
Den Schinken auf eine Platte stürzen, in Scheiben schneiden und servieren.

Schlemmer-Menü im zaristischen Rußland

Pawel Antipov, der Verlobte Laras, ist bei der friedlichen Demonstration von Dragonern mit dem Säbel verletzt worden. Er sucht bei Lara Hilfe und Schutz. Er bittet sie, seine Pistole aufzubewahren. Sie rät ihm, die Pistole wegzuwerfen. Doch er will, daß Lara die Waffe aufhebt, denn Antipov, voller Haß auf die Bourgeoisie, ahnt, daß er sie noch brauchen kann.

ANTIPOV zu LARA: *„Während draußen friedliche Männer und Frauen von den Dragonern niedergemetzelt wurden, haben die reichen Schweine in der Petrowskistraße geschlemmt und gefressen!"*

Ein Schlemmer-Menü im zaristischen Rußland begann fast immer mit einer Suppe. Danach folgten möglichst viele Vorspeisen, um die ganze Küche des Gastgebers vorzuführen. Das Dinner wurde immer von einem kunstvollen Dessert abgeschlossen. Acht Gänge wie in unserem Beispiel waren also beileibe keine Seltenheit.

Ucha
Kaviar und Rasstegajs
Blinis „Demidoff"
Fischsülze
Gebratenes Rindfleisch
Rebhuhn in saurer Sahne
Napfkuchen mit Rum
Kompott aus Melonen und Pflaumen

1. Vorspeise

Ucha

200 g Zander	*3 – 4 Tomaten*
400 g Kleinfische	*1 Eßlöffel*
4 – 5 Kartoffeln	*1 Bund Petersilie oder Dill*
1 Petersilienwurzel	*2 l Wasser*
1 große Zwiebel	

Aus Kleinfischen in einem Mulltuch einen Fischsud wie gewöhnlich kochen. In die kochende Brühe geschnittene Kartoffel- und
Zwiebelscheiben legen. 10 bis 15 Minuten vor Ende der Kochzeit
den in Stücke geschnittenen Zander, in dünne Scheiben geschnittene Tomaten und Gewürze zugeben. Kurz vor dem Servieren die
Ucha mit Butter und Suppengrün anrühren.

2. Vorspeise

Kaviar und Rasstegajs

Kaviar in eine Kaviarschüssel legen, mit Eiswürfel belegen. In
einem Schälchen kann man klein gehackten Schnittlauch und Zi-
tronenscheiben dazureichen.
Dazu heißer Kalach, eine russische Weißbrotsorte und Rasstegajs,
als Getränk Champagner oder weißer Krimsekt.

Rasstegajs bereitet man folgendermaßen zu:
Einen Grundteig ohne Hefeteigstück herstellen. Plätzchen daraus
ausschneiden. In die Mitte des Plätzchens eine Füllung aus in
Butter leicht gedünsteten Pilzen geben, die Ränder des Plätzchens
von zwei Seiten so zusammenklappen, daß in der Mitte eine Öffnung bleibt, durch die die Füllung zu sehen ist. Vor dem Zuklap-
pen des Plätzchens kann man auf die Füllung noch einen Pilz oder
eine Eischeibe legen. Die Rasstegajs auf ein mit Butter gefettetes
Blech legen, 20 bis 30 Minuten ruhen lassen und in einer bis auf
230 Grad vorgeheizten Backröhre ausbacken. Kurz vor dem Essen
einen Eßlöffel heiße Fleischbrühe in die Öffnung hineingießen.

3. Vorspeise
Blinis „Demidoff"

400 g Kartoffeln *12 g Kaviar*
125 g Zwiebeln *100 g Créme fraiche*
2 Eier *Salz und Pfeffer*

Die Kartoffeln schälen und mit einer Raspel halb grob, halb fein
in eine Schüssel reiben, die geschälten Zwiebeln ebenfalls fein
hineinreiben, dazu die beiden Eier hineinschlagen und mit Salz
und Pfeffer abschmecken. Alles gut vermischen. In einer Pfanne
erhitzen und darin 12 Blinis goldgelb backen. Die Blinis auf ein
Küchentuch legen und auf jedes 2 g Kaviar geben. Auf warmen
Tellern anrichten. Dazu in einer getrennten Sauciere die Créme
fraiche reichen.

4. Vorspeise

Fischsülze

500 g Fischköpfe (am besten	Suppengrün
Zander, Stör, Hecht)	Lorbeerblatt
15 g Gelatine	200 g Meerrettich
1 Zwiebel	Salz
1 Möhre	Pfeffer

Aus den Fischköpfen mit ½ l Wasser eine Brühe kochen. Sobald die Brühe gar ist, durchseihen und noch einmal aufkochen. Die sehr kräftige Brühe muß beim Abkühlen fest werden; sollte das nicht der Fall sein, etwas Gelatine hinzufügen. Dafür die Gelatine im Wasser einweichen, in die Brühe geben und bis zum Siedepunkt kochen. In eine gläserne Schüssel oder Schale das Fleisch der Fischköpfe geben, mit figürlich geschnittenen Möhren und Suppengrün belegen, mit der Brühe auffüllen. Die Sülze abkühlen lassen. Mit Meerrettich servieren und dazu Kwas trinken.

5. Vorspeise

Gebratenes Rindfleisch

400 – 500 g Rindfleisch	Gemüse für die Beilage
2 – 3 Eßlöffel Fett	Salz
5 – 8 Knoblauchzehen	Pfeffer

Große Rindfleischstücke salzen, pfeffern, mit Knoblauch einreiben und in einer Pfanne in Fett anbraten und im Backofen garen, abkühlen und in dünne Scheiben schneiden. Mit den Fleischscheiben einen Teller belegen, mit geriebenem Meerrettich, in Ringe geschnittenen Salzgurken, eingelegten Pflaumen und Grünzeug garnieren. Dazu einen leichten roten Tischwein.

Rebhuhn in saurer Sahne

2 Rebhühner	*2 Glas saure Sahne*
100 g Butter	*1 Eßlöffel Mehl*
2 Zwiebeln	*Salz*
4 Möhren	*Pfeffer*

Die vorbereiteten Rebhühner gut waschen, mit Salz einreiben und entlang des Rückgrates halbieren. Die Rebhühner in eine Pfanne legen und mit Butter anbraten.

Die kleingeschnittenen Möhren und Zwiebeln in einer Pfanne in Butter rösten, darauf die Rebhuhnstücke legen und mit saurer Sahne begießen, salzen, pfeffern und zugedeckt bei schwacher Hitze ca. 1 Stunde schmoren lassen. (In die saure Sahne eventuell etwas Mehl mischen.)

Die Rebhuhnstücke auf einer Platte anrichten, mit saurer Sahnesauce begießen. Dazu das Gemüse reichen.

Als Getränk servieren: einen trockenen, nicht gekühlten Rotwein, vielleicht einen Mukuzani oder einen Kwazeli.

1. Nachspeise

Napfkuchen mit Rum

250 g Mehl	10 g Zucker
0,05 l lauwarme Milch	25 g Korinthen
10 g Hefe	25 g Sultaninen
3 Eier	0,2 l Rum
150 g Butterflöckchen	Minzeblättchen
1 Eßlöffel Salz	

Das Mehl in eine Schüssel sieben, eine Mulde in die Mitte drücken. In der lauwarmen Milch die Hefe auflösen und diese zusammen mit den Eiern in die Mehlmulde geben. Kurz mit der Hand verkneten, die Oberfläche mit Butterflöckchen belegen, abdecken und den Teig auf das Doppelte aufgehen lassen. Salz, Zucker, Korinthen, Sultaninen und den Rum einarbeiten. Teig schlagen, bis er sich von der Schüssel löst. In 10 ausgebutterte kleine Näpfchen geben, die nur zu etwa einem Drittel gefüllt werden dürfen. Nachdem der Teig ganz aufgegangen ist, die Förmchen 30 bis 40 Minuten bei 180 Grad im Ofen backen. Stürzen und mit einem Riesling-Sabayon überziehen. Mit den Minzeblättchen garnieren.

Riesling-Sabayon wird während des Backens folgendermaßen zubereitet: 2 Eigelb mit 0,1 l Riesling und 50 g Zucker in einer Schüssel über Wasserdampf vorsichtig zu Schaum schlagen. Den Napfkuchen mit Rum servieren und mit dem Sabayon halb überziehen. Mit Kompottfrüchten garnieren.

2. Nachspeise

Kompott aus Melonen und Pflaumen

500 g Melone	*4 Glas Wasser*
200 g Pflaumen	*Gelatine*
1 Glas Zucker	*Zitronensaft nach Geschmack*

Russische Kompotte werden auf gleiche Weise wie in der deutschen Küche zubereitet.

Das Melonenfleisch kleinschneiden. Die Pflaumen halbieren und entkernen.

Die vorbereiteten Pflaumen in Wasser geben, aufkochen, die Melonenstücke zugeben, eventuell mit Gelatine festigen, abkühlen und auf Schalen verteilen.

Dazu als Getränk ein halbsüßer roter Wein, beispielsweise ein Chwantschkara.

Imbiß
vor der Liebesnacht

Komarovski hat Lara verführt und zu seiner Geliebten gemacht. Sie treffen sich heimlich und regelmäßig in einem privaten Boudoir.

KOMAROVSKI: „Entschuldige, daß ich zu spät komme.“
LARA: „Ich habe über eine Stunde gewartet, Victor!“
KOMAROVSKI: „Hast du dir etwas bestellt?“
LARA: „Nein.“
KOMAROVSKI: „Warum denn nicht? Das hättest du aber tun sollen.“

Was hätte Lara sich bestellen können?
Beispielsweise einen kleinen erotischen Imbiß vor der Liebesnacht:

Scheues Hühnchen in Mayonnaise
Kühle Fruchtschale mit Honig

Scheues Hühnchen in Mayonnaise

300–400 g Hühnerfilet	*Grüne Erbsen*
2–3 Kartoffeln	*Blumenkohl*
2–3 frische Gurken	*Gelatine*
2 Tomaten	*Mayonnaise*
Kopfsalat	*Senfsauce*

Das Filet in eine mit Butter bestrichene Pfanne legen, salzen, etwas Wasser zugießen und bei schwacher Hitze zugedeckt zum Kochen bringen. Das Filet abkühlen, mit einem Messer von allen Seiten in die Form eines Koteletts zuschneiden, die erstarrende Gelatine und einen Teil der Mayonnaise darübergießen. Wenn die Mayonnaise abgekühlt ist, das Filet nochmals übergießen und wieder abkühlen lassen.

Auf eine Platte einen Teil der Gemüsebeilage unter Zugabe von Mayonnaise geben, das Filet auf das Gemüse legen. Die restlichen Beilagen zur Garnierung hinzufügen – beispielsweise in Form eines Blumenstraußes – und mit Senfsauce übergießen.

Ebenso beliebt war im alten Rußland ein aus Wildbret wie vorstehend zubereiteter Imbiß.

Kühle Fruchtschale mit Honig

300 g Honig   *3 Eßlöffel Speisestärke*
¹/₄ Glas Zitronensaft   *6 Glas Wasser*
¹/₃ Glas Zucker

In heißem Wasser die Hälfte des Honigs auflösen, den Zucker zugeben und aufkochen. Die gelöste Speisestärke in die kochende Masse gießen. Die Mischung vom Feuer nehmen und den restlichen Honig und den Zitronensaft zugeben. Gut verrühren und abkühlen.

Vielleicht hätte es in der überhitzten Atmosphäre des Boudoirs auch eine Wassermelone getan. Der Autor der Romanvorlage, Boris Pasternak, beschreibt in einer Szene die erotische Wirkung, die diese für russische Verhältnisse exklusive Frucht bei Lara und Komarovski auslöst.

„Sie war erstaunt über eine Wassermelone von unwahrscheinlichen Ausmaßen, die auf dem Tisch im Gasthof lag, ein Willkommensgruß Komarovskis. In dieser Wassermelone sah Lara ein Symbol der Macht und des Reichtums Komarovskis. Als Victor Ippolitowitsch mit einem knirschenden Messerhieb das üppige flaschengrüne Wunder mit dem eiskalten zuckersüßen Herzstück spaltete, verschlug es Lara den Atem vor Angst, aber sie wagte nicht abzulehnen. Sie schluckte die rosigduftenden Stücke hinunter, obgleich es fast über ihre Kraft ging, denn in der Erregung wären ihr diese Stücke beinahe im Halse steckengeblieben. Diese Furcht beim Anblick des kostspieligen Leckerbissens und der nächtlichen Stadt übertrug sich auf Komarovski – dies war der eigentliche Schlüssel für alles, was sich später ereignen sollte!"

Mittagessen in der Moskauer Innenstadt

Schiwago lernt Lara kennen, als er mit einem Notarzt zu ihrer Mutter gerufen wird, die sich das Leben nehmen wollte, weil sie von der Liaison zwischen Komarovski und ihrer Tochter erfuhr. Wenig später hat Lara die Beziehung zu dem Lebemann beendet. Sie will mit Antipov aufs Land ziehen. Die drei treffen sich in einer Kleinbürger-Kneipe in der Moskauer Innenstadt. Bevor Komarovski seinen Hauslikör trinkt, wischt er den Glasrand mit einem Taschentuch ab. Es ekelt ihn offensichtlich in dieser einfachen Umgebung, doch das Lokal wirkt sauber, die Tische sind weiß gedeckt. Im Hintergrund löffeln Gäste Suppe. Als Antipov eintritt, begrüßt ihn Komarovski.

KOMAROVSKI: *„Bitte, nehmen Sie Platz. Möchten Sie was essen?"*
PAWEL (sieht ausgehungert aus): *„Nein, danke sehr."*
Lara sieht nach dem Kellner, sagt aber nichts.

Das häufigste Moskauer Mittagessen war und ist der Borschtsch. Die Suppe ist unverwüstlich, ganze Generationen von Kleinbürgern und Arbeitern haben sich von ihr ernährt. Ein Sprichwort sagt. „Wenn ein Russe in die Borschtsch spuckt, ist es immer noch eine Borschtsch. Wenn ein Ausländer hineinspuckt, ist die Suppe versaut." Deutlicher kann man nicht ausdrücken, welchen nationalen Stellenwert diese Suppe – die eigentlich aus der Ukraine kommt – besitzt. Fast jede Hausfrau hat ihr eigenes Rezept, es müssen also nicht immer rote Rüben sein. In Moskau kocht man die Suppe mit Weißkohl oder Sauerkraut und mit Schweinefleisch, Rindfleisch, Räucherschinken und Würstchen – einmal angenommen, dies alles ist im Haus.

Moskauer Borschtsch

2 große weiße Rüben	2–3 Knoblauchzehen
200–250 g Weißkohl oder	1 Eßlöffel Essig
Sauerkraut	2 l Wasser
1–2 Möhren	Eventuell für eine
1 Petersilienwurzel	Fleischbeilage:
1–2 Zwiebeln	150 g geräuchertes
1 Eßlöffel Tomatenpüree oder	Schweinefleisch
2 frische Tomaten	100 g Rindfleisch
2 Eßlöffel Fett	80 g gekochter Räucher-
100 g Speck	schinken mit Schwarte
1 Eßlöffel Zucker	2–3 Würstchen

In siedende Brühe aus darin gekochtem geräucherten Schweine-fleisch und Rindfleisch (oder einfach Wasser) den in Vierecke ge-schnittenen frischen Kohl geben und etwa 10 bis 15 Minuten ko-chen. Weiße Rüben entweder schmoren oder mit anderen Gemü-sen dünsten, dann in die Brühe legen und garkochen. 10 bis 15 Minuten vor Ende der Garzeit Salz, Gewürze und Zucker zugeben und etwa 5 Minuten, bevor der Borschtsch gar ist, den zerhackten Knoblauch, Fett oder Schmalz und einige Speckwürfel hinzu-fügen.

Wenn man Sauerkraut verwendet, so wird es vorher geschmort und zusammen mit den Rüben in den Borschtsch gelegt. 5 bis 7 Minuten bevor der Borschtsch gar ist, kann man auch eine mit Brühe verdünnte Einbrenne zugeben. Das macht den Borschtsch noch sämiger.

Wenn verfügbar, schneidet die Moskauer Hausfrau noch den Räu-cherschinken und die Würstchen in den Borschtsch und kocht alles am Ende 5 Minuten lang mit. In den Teller gibt sie saure Sahne und Suppengrün und serviert mit kleinen Quarkkuchen, so-genannten „Watruschkas".

Watruschkas

Einen Teig aus einem Grundrezept bereiten, ebenso eine Quarkfüllung. Den Teig zu einer Rolle drehen, in 20 gleichmäßige
Stücke teilen, die Stücke zu kleinen Kugeln formen und auf ein
mit Butter gefettetes Blech etwa 5 cm voneinander legen.
10 Minuten ruhen lassen, dann in jede Kugel mit einem Löffel
Vertiefungen drücken. Die Ränder der Klößchen mit Ei bepinseln,
und in die Vertiefungen mit einem Löffel die Quarkfüllung geben.
Die Klößchen 10 Minuten ruhen lassen, dann in einer bis auf 230
Grad vorgeheizten Backröhre ausbacken. Die fertigen Watruschkas an den Rändern mit Butter bestreichen.

Bliny

200 g Möhren	5 Eier
1 1/2 Glas Milch	2 Eßlöffel Zucker
100 g Butter	1/4 Glas Pflanzenöl
200 g Grieß	1/2 Glas saure Sahne

Die Möhren schaben, kleinschneiden, in etwas Milch weichdün-
sten und pürieren. Ins Püree die Butter und die restliche Milch zugeben. Grieß und Zucker einstreuen, alles gut vermischen, aufkochen und noch 2–3 Minuten köcheln lassen. Eigelb zum Teig
geben, Eiweiß schlagen und vorsichtig darunter mischen.
Die Pfannkuchen in einer gußeisernen Pfanne in Pflanzenöl
backen. Dazu getrennt Pflanzenöl und saure Sahne reichen.

Ein anderes, typisches Moskauer Mittagessen für Kleinbürger und Arbeiter waren – und sind immer noch – die Hackfleischgerichte. In fast allen Kantinen der Stadt werden Hackfleischklößchen mittags gereicht. Oft genug kann man sich ihrer in Rußland auch zum morgendlichen Frühstück nicht erwehren. Nach folgendem Rezept schmecken sie jedoch so gut, daß man sie niemals missen möchte:

Kosaken-Klößchen

800 g Rindfleisch	*3 Glas körniger Reis*
3 Eier	*$^1/_2$ Glas geriebener Käse*
3 – 4 Scheiben Weißbrot	*2 Tomaten*
$^1/_3$ Glas Milch	*Petersilie*
1 Glas Semmelbrösel	*Salz*
75 g Butter	*Pfeffer*

Das Fleisch mit dem in Milch aufgeweichten Brot durch einen Fleischwolf drehen, rohe Eier, Pfeffer, Salz hinzufügen und alles gut vermischen. Daraus kleine Klößchen formen, mit Semmelbrösel panieren und in Butter anbraten. In eine Pfanne den zusammen mit Tomaten gargekochten Reis geben, darüber die Klößchen legen (3 Stück pro 1 Portion), mit saurer Sahne begießen, mit geriebenem Käse bestreuen und im vorgeheizten Backofen fertig backen. Beim Anrichten mit feingeschnittener Petersilie bestreuen.

Begrüßungsessen im armen Moskau

Schiwago war im Krieg als Arzt an der Front. Jetzt kommt er ins
verarmte und revolutionäre Moskau zurück. Seine Cousine und
Stiefschwester Tonja und der Onkel begrüßen ihn mit einem
Essen. Als sie fertig sind:

ONKEL: „Hat's gut geschmeckt?"
SCHIWAGO: „Ja, sehr."
ONKEL: „Sag ihr was Liebes."
SCHIWAGO: „Das war ein wunderbares Essen, Tonja!"
TONJA: „Das ist doch nicht der Rede wert."
ONKEL: „Sie hat die Wurst ein Vierteljahr lang aufgespart,
mein Lieber."
SCHIWAGO: „Tatsächlich, Tonja?"
TONJA: „Ich hab sie eingetauscht für eine Uhr."
ONKEL: „Sie ist fabelhaft – Welch Wunder, es gibt sogar Kaffee!"

Da die Familie weder reichhaltige Zutaten auftreiben kann, noch
Feuerholz zum Heizen oder Kochen besitzt, wird Tonja besten-
falls eine kalte Suppe zubereitet haben. Am schmackhaftesten ist
unter diesen Umständen eine Cholodnik.

Cholodnik

10 mittelgroße Tomaten   *1 Bund Dill*
2 Gläser saure Sahne   *schwarzer Pfeffer*
100 g Schnittlauch   *Salz*
1 Zwiebel   *1 l Wasser*

Tomaten waschen, die Haut abziehen, durch ein Sieb passieren und in eine Suppenschüssel geben. In dieselbe Schüssel die klein geschnittene Zwiebel, Schnittlauch und Dill zugeben, salzen und pfeffern, mit kaltem (möglichst abgekochtem) Wasser auffüllen. In den Teller mit Cholodnik saure Sahne geben.
Dazu reicht Tonja Schiwago luftgetrocknete Bauernwurst, die auf dem Schwarzmarkt zu ergattern war.

Gebackener Fisch auf Moskauer Art

700–800 g Fisch (Lachs, Wels,   *2 Zwiebeln*
Zander, Störfische)   *6–7 Kartoffeln*
5–7 gekochte Pilze   *1–1$^{1}/_{2}$ Glas saure Sahne*
2–3 gekochte Eier   *$^{1}/_{2}$ Glas geriebener Käse*
50 g Butter

Eine Pfanne mit Butter einfetten, an den Rand die Scheiben von angebratenen Kartoffeln legen. In die Mitte der Pfanne die angebratenen Fischstücke, auf den Fisch geröstete Zwiebeln, Scheiben von gekochten Eiern, gekochte Pilze legen.
Mir saurer Sahne begießen, mit geriebenem Käse bestreuen und im Backofen backen.

Wie das traditionelle Begrüßungsessen der Moskauer hätte ausse-
hen können, befänden wir uns nicht mitten in einem trostlosen
Bürgerkrieg, zeigt das folgende Rezept.

Moskauer Ssoljanka

200 g frischer Salm
200 g frischer Zander
200 g frischer Stör
500 g Oliven
2 Eßlöffel Tomatenpüree
3 – 4 marinierte Steinpilze
2–3 Salzgurken
1 Zwiebel
2 Eßlöffel Butter

1 Eßlöffel Mehl
$^1/_2$ Zitrone
15 schwarze Oliven
1 Glas Gurkenlake
1 Eßlöffel Kapern
1 Bund Dill oder Petersilie
2 l Fleischbrühe
Lorbeerblatt
schwarzer Pfeffer, Salz

Die kleinzerhackte Zwiebel in die Kasserolle legen und in Butter
dünsten. In dieselbe Kasserolle Mehl, Brühe und Gurkenlake zugeben, gut verrühren und zum Kochen bringen. Die geschnittenen
Pilze, Kapern, Oliven ohne Kerne, Lorbeerblatt und Pfeffer hinzufügen und wieder zum Kochen bringen. In die Kasserolle die
überbrühten Fischstücke und in Tomatenpüree und Butter gedünstete Gurken geben und bei schwacher Hitze garkochen. Die Ssoljanka muß eine helle, leicht rötliche Brühe sein, scharf schmecken
und nach Fisch und Gewürzen riechen. In den Teller legt man je
ein Stück jeder Fischsorte, füllt mit Suppe auf und gibt noch je
eine Zitronenscheibe, Suppengrün und schwarze Oliven dazu.

Abschiedsessen im Winter

Der Bürgerkrieg nähert sich dem Ende. Juri Schiwago ist nach vielen Irrungen und Wirrungen zu Larissa Antipova zurückgekehrt. Sie leben mit ihrer Tochter Katja zusammen in dem kleinen Landhaus Warykino, nahe der Stadt Jurjatino im mittleren Ural. Eines Abends im tiefverschneiten Winter sitzen sie beim Abendessen. Ihre Küche ist karg, denn das ganze Land hungert. Wovon sie am meisten haben sind Kartoffeln, Zwiebeln, Pilze aus den Wäldern und Milchprodukte.

Das Paar ist melancholisch, sie starren auf die Kartoffelreste auf den Tellern. Beide wissen, daß die Bolschewiki sie jederzeit als „Schädlinge" verhaften können. Wieviel Zeit bleibt ihnen noch?

LARISSA: „Wäre es nicht schön, wenn wir uns früher begegnet wären?"

SCHIWAGO: „Bevor alles anfing? – Ja!"

LARISSA: „Du wärst mein Mann. Wir hätten ein Haus und Kinder. Wenn wir nun Kinder hätten, Juri – möchtest du lieber ein Mädchen oder einen Jungen?"

SCHIWAGO: „Ich fürchte, wir werden wahnsinnig, wenn wir darüber nachdenken."

LARISSA: „Ich glaube, das werde ich immer tun. – Wirst du nachher noch schreiben?"

SCHIWAGO: „Nein, heute nicht mehr."

Draußen sind plötzlich Schlittengeräusche zu hören. Victor Komarovski kommt mit den Bolschewiki – um Lara zu retten. Schiwago weigert sich, mit Komarovski zu gehen, das Paar wird getrennt. Es war ihr letztes gemeinsames Abendessen. Sie werden sich nicht wiedersehen.

Arme Kartoffeln à la Warykino

8 – 10 Kartoffeln	*Butter*
5 – 8 frische Pilze	*saure Sahne*
2 Zwiebeln	*Suppengrün*
¹/₃ Glas geriebene Semmelbrösel	*Salz*

Die gekochten Kartoffeln abtrocknen, in Scheiben schneiden. Die gebratenen Pilze zerkleinern und mit kleingeschnittenen angerösteten Zwiebeln vermischen, salzen. Portionspfannen oder eine Backform mit Schmalz einfetten, eine Schicht Kartoffeln einlegen, salzen, darauf eine Schicht Zwiebeln mit Pilzen geben, mit Butter bestreichen und darüber noch eine Schicht Kartoffeln. Die Kartoffeln mit saurer Sahne übergießen, mit Semmelbröseln bestreuen, im Backofen backen, bis die Brösel leicht anbräunen.

Kartoffelgerichte sind in Rußland schon lange heimisch, man nennt die Feldfrucht zu Recht „zweites Brot". Vor allem in Krisenzeiten – und davon hat es in der russischen Geschichte durchgehend genug gegeben – bietet sich die Kartoffel für sättigende Mahlzeiten an. Wie man die „Kartoffeln à la Warykino" als Abschiedsessen unter glücklicheren Umständen auch in lukullischer Hinsicht hätte unvergeßlich machen können, zeigt das folgende Rezept.

Glücklicher Kartoffelauflauf à la Warykino

8–10 Kartoffeln
3 Eier
2 Eßlöffel Butter
Salz
Für eine Fleischfüllung:
400 g Schweinefleisch
2 Zwiebeln
1 Eßlöffel Butter
Salz
schwarzer gemahlener Pfeffer

Für eine Fischfüllung:
250 g Fischfilet
4–5 getrocknete Pilze
2 Zwiebeln
1 gekochtes Ei
2 Eßlöffel Butter
Salz

Kartoffelpüree bereiten; zu den gestampften Kartoffeln Eier, Butter und Salz geben, alles gut vermischen.

Die Fleischfüllung bereiten: Das Schweinefleisch durch einen Fleischwolf drehen, leicht anbraten, mit den angedünsteten Zwiebeln, Salz und Pfeffer vermischen.

Die Fischfüllung bereiten: Das Fischfilet durch einen Fleischwolf drehen, anbraten. Die Zwiebel klein schneiden und in Butter anrösten. Die Pilze kochen, kleinhacken und anbraten. Alles vermischen, das gehackte Ei, Salz und Pfeffer zugeben.

$^2/_3$ des Kartoffelpürees in eine mit Butter eingefettete Auflaufform geben, darüber die Füllung gleichmäßig verteilen. Restliches Püree in einen Spritzbeutel füllen und die Füllung verzieren. Mit ausgelassener Butter begießen. Den Auflauf in den vorgewärmten Backofen stellen und backen.

Kulinarische Nachspeise

Die Russen verstehen etwas vom Essen. Aber auch vom Hunger. Für beide Seiten der Tafel gab es im Verlauf ihrer Geschichte genug Beispiele. Auch ein Roman und ein Film wie „Doktor Schiwago" erzählen unaufhörlich davon – direkt und auch indirekt.

Zur Zarenzeit schwelgte die russische Küche in Köstlichkeiten, die großen Tafeln mit ihren Vorspeisen-Buffets, die sogenannten „Sakussa", waren berühmt. Und auf diesen glänzten besonders die Silbergefäße, in denen der Rogen von vier Störarten, der Kaviar, genannt nach dem türkischen Wort für Rogen, „khavyah", kredenzt war. Die vier Sorten sind: der seltene, goldene Wolgasterlet, der großkörnige Beluga, dazu die kleineren Sevruga und Osetr.

Waren Kaviar und andere kleine Fischhappen aufgegessen, ging es mit Fleischpasteten und Gemüse, mit Kalbsleber nach französischer Art und leckerem Geflügel weiter. Dazu trank man trockene Rot- und Weißweine, durchgehend Sekt von den Südhängen des Kaukasus oder von der Krim oder die 15 bis 20 verschiedenen Wodka-Arten, die der russische Keller bietet.

Da die Tage der Privilegierten zur Zarenzeit lang waren, wurden sie sehr gern mit sinnlichen Vergnügungen ausgefüllt. Essen und Trinken war eine der beliebtesten. Man speiste den ganzen Tag. Nach der Vorspeisentafel kam die Hauptspeisentafel an die Reihe. Das Diner wurde mit einer Suppe eröffnet, dann folgten soviel Gänge, wie die Zeit erlaubte – in beliebiger Reihenfolge. Ein Dessert beschloß das Diner. Am Abend ging es dann mit kleineren Gerichten weiter, zu denen wiederum viel getrunken wurde, beispielsweise auch ausländische Sherrys, Portweine, französische Cognacs oder spanische Brandys.

Von all diesen Köstlichkeiten konnte die überwältigende Mehr-
zahl der Bevölkerung nur träumen. Bis hin zu den sozialistischen
Revolutionen des 20. Jahrhunderts bestand die Küche des einfachen, arbeitenden Volkes aus wenigen Konstanten – und auf jeden
Fall nur aus einem Gang. Brot und Salz gehörten immer dazu,
außerdem eine Suppe wie Borschtsch, Ssoljanka oder Schtschi,
dazu Blinis, Plinsen und Piroggen, die Grütze Kascha und Kwas,
das allgegenwärtige, bierähnliche Getränk.

Die Küche der Armen war karg, aber durchaus wohlschmeckend.
Im Verlauf der Jahrhunderte entwickelte der Hunger seine lukulli-
schen Tröster, die heute sogar als Inbegriff der russischen Küche
gelten. Kohlsuppe und Kwas sind dabei so etwas wie das Eltern-
paar der russischen Küche geworden. Wer außerhalb der großen
Städte wohnte, besaß außerdem seinen eigenen Küchengarten, aus
dem jedes einfache Gericht aufgepäppelt werden konnte. In „Doktor Schiwago" verweisen die Szenen darauf, in denen die Familie
Gromeko mit Juri Schiwago in der ländlichen Umgebung des
mittleren Ural ihre Speisen zubereitet. Dabei werden die typi-
schen Gartenzutaten verwendet und immer wieder variiert: Kohl,
Kartoffeln, Zwiebeln, Lauch, Rote Bete, Bohnen, Wurzelgemüse,
Dill, Petersilie. Dazu kamen die wilden Beeren und Früchte aus
den Wäldern, die einen wohlschmeckenden Nachtisch lieferten.
Und im Frühherbst Pilze nach Herzenslust und Gaumenfreude.

Diese Küche veränderte sich bis zur Revolution nicht. Dann kam
der noch größere Hunger, als die leidgeprüften Russen sich das je-
mals vorgestellt hätten. „Doktor Schiwago" erzählt auch davon.
Erst nach Revolution und Bürgerkrieg, als sich mit der „Neuen
Ökonomischen Politik" Lenins und später Stalins die Verhältnisse
stabilisierten, sahen Bauern und Arbeiter erstmals auch Fleisch in
ihrer Suppe. Noch einmal wurden die Küchen geplündert, das war
beim Einfall der Deutschen 1941, wobei die Sowjetunion einen
unvorstellbaren Aderlaß an Menschen – rund 20 Millionen Tote –
und auch an Grund und Gütern lassen mußte.

Die Essensgewohnheiten der Menschen – egal ob arm oder reich – haben sich bis heute kaum verändert. Rußland ist ein Land mit konservativer Küche. Und das ist ein Glück. Denn die russische Tafel braucht keinen ausländischen, modischen Firlefanz, keine langen Küchenlisten aus dem Latinum und keine „Nouvelle Cuisine", sie ist und bleibt vom Atem des weiten Landes durchweht, dabei würzig bis herzhaft und deftig und auf jeden Fall schmackhaft. Sie hält Leib und Seele zusammen.

Doktor Schiwago/Doctor Zhiwago

Stab:

USA 1966
Länge: 200 Minuten
Regie: David Lean
Drehbuch: Robert Bolt
Romanvorlage: Boris Pasternak
Kamera: F. A. Young
Musik: Maurice Jarre
Produktion: Carlo Ponti
Panavision 70, Metrocolor

Besetzung:

DR. SCHIWAGO	Omar Sharif
LARA	Julie Christie
TONJA	Geraldine Chaplin
ANTIPOV/STRELNIKOV	Tom Courtenay
KOMAROVSKI	Rod Steiger
DAS MÄDCHEN	Rita Tushingham
JEWGRAF	Alec Guinness
KOSTOJED	Klaus Kinski
ALEXANDER	Ralph Richardson